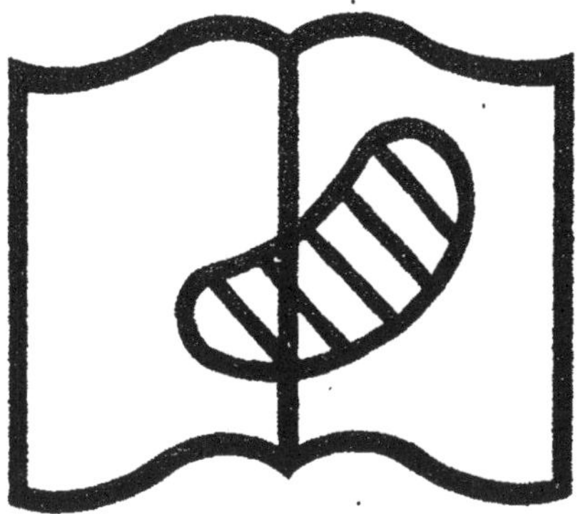

Original illisible

NF Z 43-120-10

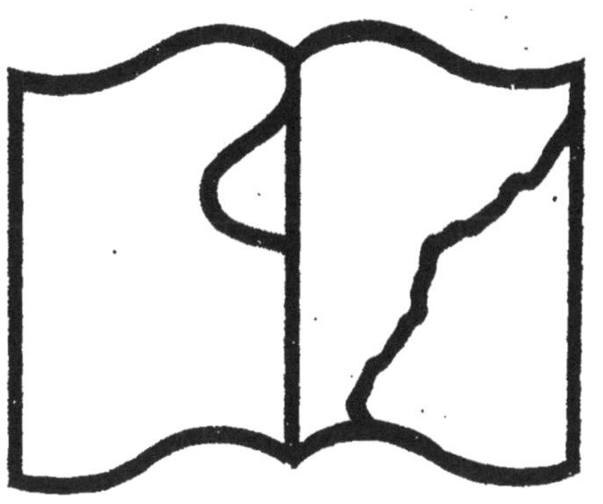

Texte détérioré — reliure défectueuse

NF Z 43-120-11

"VALABLE POUR TOUT OU PARTIE
DU DOCUMENT REPRODUIT".

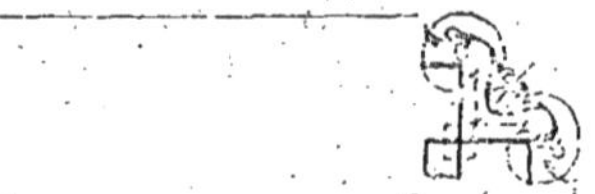

ASSOCIATION

INTERNATIONALE

AFRICAINE

N° 4

EXTRAITS DES RAPPORTS DES VOYAGEURS
DE L'ASSOCIATION INTERNATIONALE AFRICAINE

1880

BRUXELLES-ETTERBEEK
Imprimerie Verhavert Frères et Sœurs
131, rue du Cornet 131

ASSOCIATION

INTERNATIONALE

AFRICAINE

—

N° 4

EXTRAITS DES RAPPORTS DES VOYAGEURS
DE L'ASSOCIATION INTERNATIONALE AFRICAINE

1880

BRUXELLES-ETTERBEEK
IMPRIMERIE VERHAVERT FRÈRES ET SŒURS
131, RUE DU CORNET 131

EXTRAITS DES RAPPORTS DES VOYAGEURS DE L'ASSOCIATION INTERNATIONALE AFRICAINE

Dudoma (second de ce nom), le 8 mars 1880.

Monsieur le Secrétaire-Général,

Je vous envoie ces lignes par une caravane indigène de trafiquants d'ivoire qui arrivent du Nord de l'Ougogo — district riche en ivoire à ce qu'ils disent — et qui se rendent à Bagamoyo pour y vendre leur marchandise.

Nous avons quitté Mpwapwa le 25 février seulement. Au lieu MPWAPWA. de suivre la route ordinaire des caravanes, M. Cadenhead a choisi une route plus au Nord; M. Stanley (2e voyage) et un missionnaire anglais du Nyanza l'avaient seuls suivie en partie avant nous. Le but était d'éviter Mvoumi parce que l'on nous MVOUMI. avait prédit à Mpwapwa que nous aurions un lourd tribut à y payer. Mais d'après des gens qui ont fréquenté l'autre route et qui se sont joints à notre caravane, et aussi au dire d'Arabes qui nous accompagnent depuis Mpwapwa, la route ordinaire des caravanes est infiniment préférable à celle-ci sous tous les rapports : si l'on a un assez lourd tribut à payer à Mvoumi, du moins les autres chefferies sont accommodantes, et les indigènes à force de voir passer des caravanes par chez eux ont fini par apporter quelque régularité dans la perception du hongo, qui dépasse rarement 10 dotis d'étoffe (40 mètres).

Ici, au contraire, l'arbitraire règne d'une manière absolue. Pour comble, comme personne dans notre caravane ne connaît bien la route, on s'arrête le plus souvent devant des tembés où l'on paie un hongo qui n'est pas dû, et le lendemain au départ, on se voit arrêté à une demi-lieue de là par le vrai chef qui, à la tête de ses guerriers, vous barre le passage et vous force à demeurer deux ou trois jours chez lui, tout en percevant un lourd tribut; c'est ainsi que nous avons payé hongo à deux Chikombo, à deux Lihouma (ou Leehumwa), à deux Dudoma; les deux premiers distants d'une demi-lieue l'un de l'autre, les deux suivants de vingt-cinq minutes, les deux derniers de trois quarts d'heure. Quand serons nous sortis de cet affreux pays de brigandage !

Nous voyageons en compagnie de caravanes arabes avec lesquelles nous formons un effectif de 500 hommes et auxquelles M. Cadenhead a conseillé de prendre cette route, qui leur était inconnue. L'une de ces caravanes, rencontrée à Mpwapwa, est envoyée par les soins de M. Greffulhe en destination de Karéma, avec un ravitaillement pour M. Cambier.

A vrai dire, l'indécision et peut-être un certain manque d'énergie sont un peu cause des ennuis que nous avons éprouvés; on pouvait aisément, dès le principe, ou se décider à se rejeter sur la route ordinaire, ou montrer aux indigènes la même fermeté que Stanley, qui sans tirer un seul coup de fusil, n'a jamais payé double hongo sur cette route.

Je ne veux pas dire que nous ferions bien de faire usage de nos armes pour nous frayer un passage; d'abord, nos instructions nous enjoignent d'employer toujours la douceur avec les naturels; en outre, au premier combat, les porteurs des caravanes arabes (tous Ounyamouésis) se hâteraient de déserter, et le ravitaillement de M. Cambier se trouverait compromis. Mais je pense qu'avec de la fermeté et de la décision dans les résolutions, maintes pertes de temps et d'argent seraient évitées, sans que l'on ait à tirer un seul coup de fusil. Ces Wagogos sont habiles à discerner la moindre indécision, le moindre signe de faiblesse, et plus habiles encore sont-ils à les exploiter.

Au demeurant, cette route est mauvaise; tout le monde, surtout les Arabes, regrettent de s'y être engagés, et quant à moi, je la déconseille vivement à tout Européen.

Heureusement le temps nous favorise; jusqu'à présent, il fait très beau, et depuis notre départ de Tchouniou il a soufflé un vent S.-E. très violent et pas une goutte de pluie n'est tombée. La massika n'a pas l'air d'être proche. C'est à croire que les personnes de Zanzibar qui nous l'annonçaient ici pour la fin de février se sont trompées, ce dont naturellement, nous nous félicitons, en souhaitant que le temps se maintienne ainsi jusqu'à Tabora.

Depuis notre départ d'Europe nous n'avons reçu aucun courrier; nous espérons trouver nos lettres à Tabora : elles auront suivi la route ordinaire, et arriveront avant nous.

Notre santé à tous est très bonne et nos rapports mutuels parfaits. L'état de la caravane est aussi très satisfaisant : depuis Mpwapwa nous n'avons plus eu de déserteurs. Seulement huit hommes en tout ont déserté jusqu'à présent. Mais c'est surtout l'Unyanyembé qui est à craindre sous ce rapport. Les ânes, eux aussi, se comportent bien; il est vrai que leurs charges sont bien légères, et que depuis Mpwapwa ils n'ont guère marché que deux ou trois heures, à part la tirikésa de Tchouniou, qui a été bien supportée.

Il y a dans l'Ougogo une assez grande quantité de vivres; mais en général l'eau, conservée dans des trous, est saumâtre, mauvaise et parfois corrompue.

Lorsque la traversée de l'Ougogo sera terminée, je m'empresserai de vous adresser un rapport détaillé sur les endroits par où nous aurons passé, sur les ennuis, les retards, les tributs que nous aurons eu à supporter.

Agréez, etc. A. BURDO.

Mdabourou (frontière Ouest de l'Ougogo), le 24 mars 1880.

Monsieur le Secrétaire-Général,

J'ai l'honneur de vous adresser un rapport succinct et rédigé un peu à la hâte de notre traversée de l'Ougogo, depuis Mpwapwa jusqu'à Mdabourou, dernier district de l'Ougogo, où nous sommes arrivés depuis trois jours. Ce rapport va du 25 février jusqu'au 25 mars. J'y joins deux annexes renfermant quelques informations spéciales.

Le 12 mars, à Pembé-Lampera (Ougogo), nous avons trouvé le courrier que M. Greffulhe nous a expédié après l'arrivée de la malle de février; il nous apportait de nombreuses lettres et de bonnes nouvelles de nos familles. En outre, j'ai reçu par l'intermédiaire de M. Cadenhead un pli de votre part, je vous remercie bien vivement des bons souhaits de nouvel an que vous voulez bien m'adresser.

Notre santé à tous les trois est excellente et nous poursuivons notre voyage dans les meilleurs termes et dans une entente parfaite.

Le moral de la caravane est également très bon; les ânes résistent bien, sauf un qui a succombé hier à Khonko où nous avions dû le laisser.

Nous avons eu quelques jours de pluie à Mizanza, puis le temps s'est remis au clair et aujourd'hui toute apparence de massika a disparu, c'est-à-dire qu'on était dans l'erreur lorsqu'on nous a fourni des renseignements à ce sujet à Zanzibar et à Mpwapwa. Je suis enclin à croire, d'ailleurs, que Stanley est dans le vrai lorsque, dans son second voyage, il écrit de Zingeh (Ougogo) à la date du 23 décembre. « Les pluies atteignent en ce moment leur plus grande intensité ». Or, si la massika est dans sa plénitude à la fin de décembre, il n'est pas à présumer qu'elle recommence deux mois après, fin février, ainsi qu'on nous l'avait prédit.

Les plantations elles-mêmes nous le prouvent. Les épis de maïs et de millet sortent de tige, le moutama est en fleur, ce ne peut donc pas être le moment des grandes pluies qui abatteraient les plantations et causeraient de vrais désastres. Je constate cependant que les naturels désirent qu'il pleuve. Ainsi, à Mdabourou, le chef nous recommanda de défendre à nos hommes de tirer des coups de fusil, attendu que cela empêcherait la pluie de tomber ; et à Khonko, j'eus bien de la peine à me débarrasser des importunités du ministre du chef, qui voulait à toute force que le *mouzoungou* qui a « *des soleils dans les yeux* » fît pleuvoir. Ce que ce naïf indigène appelait pompeusement des soleils, c'était simplement mes lunettes. Mais, je le répète, je ne crois pas que ce fut la réelle massika qui était attendue en ce moment ; je crois plutôt que les indigènes souhaitaient un peu d'eau pour empêcher leurs récoltes sur pied de se dessécher ou d'être brûlées par le soleil.

J'ai cru bien faire en priant M. Cadenhead de me permettre d'écrire à M. Vanden Heuvel afin de lui demander de vouloir bien nous fournir, dès notre arrivée, les renseignements qui peuvent nous être nécessaires sur le trajet de Tabora à Karéma.

D'après ce que me dit le guide, nous pouvons facilement traverser le Mgonda-Mkali en 10 ou 12 jours ; si donc nous sommes à Tabora vers le 7 ou 8 avril, nous pouvons, je l'espère, atteindre Karéma à la fin de ce même mois.

Malheureusement, je ne sais pas encore quand il plaira au chef de Mdabourou de discuter le hongo; aujourd'hui 25 mars, les débats à ce sujet n'ont pas encore commencé. Ce hongo est réellement le supplice du voyageur.

Aucune caravane descendante n'est ici en ce moment; mais on nous assure que nous en rencontrerons dans le Mgonda-Mkali. Dans cette prévision, je ferme à l'avance ce pli, et j'indiquerai sur l'enveloppe le lieu et la date où ma lettre aura été remise en route à une caravane ou à un courrier.

Agréez, etc.

A. BURDO.

Hittoura, Mgonda-Mkali, le 2 avril 1880.

Monsieur le Secrétaire-Général,

Nous n'avons rencontré ni caravane descendante ni courrier depuis Mdabourou. Aujourd'hui nous croisons le courrier à Hittoura. Je rouvre ma lettre afin de vous annoncer que nous avons traversé sans encombre le Mgonda-Mkali, et même assez rapidement, comme vous le voyez.

De Tabora, je vous enverrai un rapport sur cette route : je crois qu'il sera utile aux futurs voyageurs, car les écoles que l'on fait dans ces tirikésas sont bien douloureuses et peuvent compromettre une expédition.

Aujourd'hui, bien qu'éreintés par les marches forcées des jours précédents, nous allons nous rendre, M. Roger et moi, à Hekoungou, dont nous ne sommes éloignés, nous dit-on, que de quatre heures de marche. Nous y visiterons la tombe de M. Wautier, et, si cela est nécessaire, nous la remettrons en bon état. Nous serons heureux de pouvoir rendre cet hommage à la mémoire de notre regretté compatriote.

Notre santé est parfaite. Quatre étapes seulement nous séparent de Tabora, où nous serons le 6 ou le 7 courant. De là, je vous enverrai de nouvelles communications.

Agréez, etc.

A. BURDO.

Mdabourou, le 26 mars 1880.

Rapport succinct sur la route suivie par notre caravane depuis Mpwapwa jusqu'à Mdabourou (frontièr Oeuest de l'Ougogo).

Du 25 février au 26 mars.

Marche et observations.

MPWAPWA. Départ le 25 février 1880, à 11 heures du matin. Fausse direction Sud au début; puis Ouest. Belle et bonne route.

A 6 kilomètres environ, rencontré le village de Kisokoué, où l'on fait halte une heure pour acheter des vivres. De là, terrains montagneux, route accidentée, entrecoupée de ravins. Forte déclivité vers l'Ouest.

La route prend l'aspect d'un défilé coupé par de nombreuses vallées d'érosion.

TCHOUNIOU. A 4 heures et demie nous arrivons à Tchouniou; on n'y trouve pas de vivres, c'est pourquoi on s'approvisionne à Kisokoué. Nous campons sur le versant Sud de la montagne; de là on domine une plaine immense, c'est l'Ougogo.

L'eau est bonne. Les ânes s'en abreuvent sans en être incommodés.

Voici, à mon sens, comment je m'explique l'insalubrité des eaux de Tchouniou lors du passage de Stanley (1er voyage).

Le lit de la rivière Tchouniou (en ce moment à sec) décrit une courbe autour de la montagne dont il contourne le pied de l'Ouest à l'Est. Au dire des indigènes, l'eau recueillie dans la région de l'Est serait fatale aux ânes; celle qu'on recueille à l'Ouest, au contraire, serait parfaitement bonne. Celle dont nous avons fait usage a été obtenue en creusant des trous dans le lit de la rivière, à l'Ouest. Il est donc probable que les terrains, à l'Est, renferment des matières végétales en décomposition qui altèrent l'eau; c'est la seule façon dont je puisse m'expliquer cette différence entre l'eau recueillie en deux points aussi rapprochés, et dans la même rivière. Il est possible aussi que les terrains infectés ayant une certaine altitude, l'eau ne s'altère que pendant la saison des pluies, alors que la hauteur de la crue et la violence des torrents la mettent en contact avec ces terres malsaines.

Dans tous les cas, pour être fixé d'une manière certaine à ce sujet, il faudrait analyser les eaux pendant les diverses saisons et à des points différents. Les gens des caravanes s'accordent, en général, à dire que les eaux sont pernicieuses pour les animaux, parce qu'elles renferment des précipités nitreux.

Le 26 février, départ au point du jour.

Direction O. N. O., puis O. La marche d'aujourd'hui est une petite tirikésa. La route se déroule d'abord dans une vaste plaine; herbe courte, terrain un peu détrempé par les orages qui ont sévi les jours précédents, sol gras. Au bout de deux heures nous entrons sous bois; marche pénible à cause des acacias (acacia horrida), dont les branches épineuses se rejoignent à hauteur d'homme et gênent beaucoup les porteurs en accrochant les charges qu'ils portent sur la tête.

A 1 heure et demie, grande halte.

La route est jalonnée par de nombreux baobabs de taille gigantesque, qui dominent le fourré.

Pas d'eau.

Vestiges rocheux à 3 heures et demie.

CAMP.

A 5 heures et demie nous découvrons une flaque d'eau auprès de laquelle nous campons.

Eau stagnante, mauvaise.

Le 27 février, reprise de la marche à 6 heures et demie, direction Ouest. Nous débouchons dans une plaine immense. Nombreux troupeaux de zèbres, buffles, girafes; beaucoup d'autruches et des traces nombreuses et fraîches d'éléphants.

Sol maigre, crevassé. Herbe brûlée, plaine nue ressemblant à un désert.

Nous rentrons sous bois vers 8 heures.

A 10 heures, en débouchant du bois, nous apercevons des champs de sorgho et de maïs, des troupeaux nombreux : nous sommes dans l'Ougogo. Bientôt apparaissent de longs tembés.

CHIKOMBO OU KIKOMBO.

Ce sont les premiers tembés du district de Chikombo ou Kikombo, et l'on commet l'erreur de s'y arrêter, croyant que c'est là qu'il faut payer le tribut.

Aussi le hongo est-il lestement débattu (à notre grand étonnement), et le chef se contente de 20 dotis, étoffe ordinaire blanche, dite shirting, inférieure au méricani.

Vivres abondants.

Les naturels accourent en foule pour nous voir. Stanley (2e voyage) et un missionnaire du Nyanza ont seuls passé par ici jusqu'à présent. Mais nous ne suivons pas exactement leur route, comme on va le voir.

Aperçu du prix des vivres :

14 œufs . . .	1/2 chouka	étoffe	shirting	(2 coudées).	
2 poulets . .	1	»	»	»	(4 »).

Altitude de Chikombo : 2,480 pieds environ.

Le sol est planté de baobabs et semé de trous où l'on recueille de l'eau, trous presqu'à secs en ce moment.

28 février. Départ à 5 heures trois quarts. Traversé un ravin escarpé. Direction O. N. O. Les tembès continuent. Nous sommes arrêtés à trois quarts d'heure de là par les naturels. J'étais en avant-garde, et en un clin d'œil le cri de guerre ayant été poussé, une foule de Wagogos en armes nous barrent le passage. J'ai peine à arrêter un conflit, car ils menacent mes hommes de très près, avec leur lance et leur casse-tête.

M. Cadenhead me fit dire de retourner en arrière. Nous nous trouvions au vrai Chikombo, où demeure le sultan à qui l'on doit payer tribut. Le chef dont nous avons traversé le territoire la veille n'était pas le vrai souverain. Je crois toutefois que c'était un compère, car pareille aventure nous est encore arrivée aux étapes suivantes.

Aussi, je ne puis conseiller aux futurs voyageurs de suivre cette route dans le but d'éviter Mvoumi, où l'on dit qu'un fort tribut est exigé Il vaut infiniment mieux (lorsqu'on doit se rendre d'un point à un autre et *qu'on n'est pas chargé d'explorer une nouvelle route)* suivre la route ordinaire des caravanes : dans les chefferies qu'on rencontre sur ces routes-là, il existe déjà certaines règles, une sorte de tarif, tandis que c'est l'arbitraire qui règne ici.

Nous campons donc à Chikombo second, et y sommes retenus 2 jours.

Les chefs détiennent ordinairement les caravanes chez eux afin d'écouler leurs produits : œufs, poules, lait, etc.

Le chef, ivre de pombay (ou pombé) (1), n'a voulu débattre le hongo que le jour suivant, 29 février.

Le hongo se monte à 58 dotis méricani, shirting ou étoffes de couleur.

1er mars. A 6 heures, levée du camp, direction O. Traversé une plaine, puis entré sous bois. Les monts que nous avons traversés hier s'infléchissent au Sud. Vers 7 heures, nous sortons du fourré et nous apercevons des champs cultivés et des tembés.

LOHOUMA ou LEEHUMVA.

Nous commettons la même erreur qu'à Chikombo, et nous nous arrêtons aux premiers tembés de Lohouma ou Leehumva. Aussi le chef ne nous retient-il guère, mais le hongo qu'on y paie est de 41 dotis.

2 mars. A 5 heures et demie, nous quittons ce village; nous n'avions pas marché une demi-heure que des naturels nous crient de nous arrêter. Nous passons outre. Le cri de guerre retentit, et de toutes parts accourent des guerriers. On parlemente. Nous comprenons que nous avons encore commis une erreur, et force est de camper de nouveau près de la demeure du chef. Un porteur de la caravane arabe est assassiné par les indigènes; deux autres, dont un des nôtres, sont blessés à coups de lances. Les guerriers wagogos accourent à chaque instant, faisant mine de vouloir attaquer le camp.

LUHUMVA.

Nous veillons en personne toute la nuit. Le chef est allé auprès de celui à qui nous payâmes hier : il l'a tué ainsi que son fils et a enlevé son bétail. Aussi le pays est-il en ébullition, et le chef en profite pour dire qu'il n'a pas le temps de discuter le hongo. Enfin, au bout de deux jours, il se décide à accepter 52 dotis étoffes diverses.

4 mars. Levée du camp à 6 heures un quart. Direction O.N.O.

(1) Bière indigène rouge, épaisse comme de la bouillie, et faite avec du moutama (sorgho) et du millet.

Nous marchons d'abord en plaine, puis nous entrons dans un bois, dont nous débouchons à 8 heures, ayant en vue les tembés de Dudoma. Campé sous un immense baobab. DUDOMA.

Vivres très abondants. On tue un bœuf; nous en achetons une épaule pour une chouka (2 coudées) : il y a là près de 12 kilogr. de viande.

Beaucoup de scorpions et d'insectes.

Le chef se fait dire absent pour nous retenir. En réalité, il combine un coup avec son fils qui a son tembé à 20 minutes de là, sur le chemin, et qui nous arrêtera au passage.

Vent S.-E. très violent.

Comme nous n'avons plus guère de biscuits et fort peu de farine de blé, nous faisons mélanger 1/3 de farine et 2/3 de moutama (sorgho) et cela nous donne des espèces de galettes molles qui peuvent remplacer le pain, bien que ce ne soit pas bon. Nous nous mettons également à manger le maïs bouilli, afin de réserver le biscuit pour plus tard.

Le chef nous retient durant trois jours sous divers prétextes. Il a pour conseiller, comme beaucoup de souverains de l'Ougogo, un ministre Ouanyamouési, à demi-civilisé déjà, qui connaît les blancs, et qui est le mauvais génie de l'endroit. C'est l'instigateur de toutes les vexations que subissent les caravanes. Enfin, le 6 mars au soir, le hongo est fixé à 65 dotis, étoffes diverses, dont quelques-unes assez chères.

Le chef avait exigé, dès l'abord, 150 dotis, un fusil et de la poudre.

7 mars. Départ à 6 heures. Direction O. N. O. Comme je l'avais prévu, à 20 minutes du camp, nous sommes arrêtés de nouveau et l'on nous oblige à camper. Cet endroit s'appelle également Dudoma. DUDOMA.

Le chef est un fils du sultan, auquel nous avons déjà payé le hongo.

Vivres assez abondants. Aperçu des prix :

2 poules. . . .	1 chouka	d'étoffe blanche dite shirting (ordinaire).
1 jarre de lait. .	1 "	
36 épis de maïs. .	1 "	

Le chef nous retient deux jours. Enfin, le 8 au soir, le hongo est accepté au prix énorme de 65 dotis.

Ce qui fait 130 dotis (520 mètres) pour le même endroit et pour le même chef, père et fils !

9 mars. A 6 heures, départ. Direction, N.-O. Traversé un marais, puis entré sous bois. A 1 heure, arrivé en face de ZINGEH. Zingeh, campé sur le versant de la colline N.-O. Les naturels y semblent moins belliqueux. Très-peu de vivres. Eau saumâtre et mauvaise. Quantité de marécages aux environs.

Le vent S-E. souffle violemment depuis le 4 mars et tient le temps au beau, chassant toutes les vapeurs dont l'Ouest est chargé. Le chef exige 100 dotis. On discute pendant deux jours, et enfin il consent à recevoir 75 dotis, mais dont plusieurs d'étoffes assez chères.

11 mars. Petite tirikésa. On décide qu'on va reprendre la route ordinaire des caravanes, et, à cet effet, infléchir au Sud.

Départ à 5 heures et demie. Belle plaine au départ et beau sentier ; croisé le sentier qui va à Kididimo. Entré dans la forêt et fait halte près d'une mare d'eau corrompue. A 3 heures trois quarts, rencontré une petite zihoua (étang) à un endroit appelé *Simbo*, mais les 700 hommes des caravanes réunies ne trouvent pas à s'y abreuver. Le coucher du soleil nous surprend en plein fourré, et nous campons *sans eau*, au milieu du bois.

12 mars. Avant le jour on se remet en marche. Le fourré s'éclaircit, la route est belle. A 8 heures, ayant un peu obliqué à l'Ouest, nous sortons du bois et apercevons les champs et les tembés de Pembé-Lampera, ainsi appelé du nom de son chef.

CAMP. Nous y campons.

Eau bonne, vivres abondants, beaux troupeaux. Ce district semble très riche et très abondant.

Pembé-Lampera, a été le seul chef un peu aimable que nous ayons rencontré; il a fait prendre de nos nouvelles et nous a envoyé en présent du lait et des œufs. PEMBÉ-LAMPERA.

Au soir, une trombe venant du Sud-Ouest s'abat sur le camp et renverse nos tentes; il tombe une pluie torrentielle qui mouille complètement tous nos effets.

Le lendemain, temps couvert et humide. On se résigne à payer 75 dotis en étoffe de valeur pour le hongo; c'est un lourd tribut.

Les naturels de ce district fabriquent du sel.

14 mars. Départ à 6 heures et demie. Direction S.-O.

La plaine est entrecoupée de marais salins; tout le sol de cette contrée est d'ailleurs revêtu d'une efflorescence nitreuse. Les zihouas (étangs) sont assez nombreux, mais le terrain s'abaisse beaucoup et toute cette partie doit être très insalubre.

Beaucoup de volatiles, canards, flamands, cigognes, peu de traces de quadrupèdes. A 9 heures et demie, nous arrivons à Mizanza, où nous campons dans une forêt de palmiers assez clair-semés. MIZANZA.

Eau détestable, contenant des matières végétales en suspension : milliers de globules verdâtres imperceptibles, produisant un véritable empoisonnement.

M. Cadenhead, M. Roger et moi, nous éprouvons tous les trois une forte attaque de dyssenterie et tous les symptômes d'un empoisonnement, après avoir bu de cette eau dont il est prudent de ne faire usage qu'après l'avoir filtrée et fait bouillir.

A l'Ouest de Mizanza, il y a de l'eau plus potable; c'est celle de l'Est qui nous a indisposés.

Mizanza est en général malsain, d'ailleurs; il est en contrebas et le sol est entrecoupé de marais.

Le chef, qui a vu Stanley, est venu nous rendre visite. Il est très vieux et très laid.

Le bétail est fort beau et très nombreux, mais les naturels refusent de le vendre. Les bœufs appartiennent tous à la race indienne, dite de Brahma : ils sont très grands et gros, avec une bosse sur le dos.

Le hongo se discute lentement, dans d'interminables palabres : ce n'est que le 16 mars au soir que le chiffre en est arrêté à 85 dotis d'étoffe, dont plusieurs de valeur.

Il fait une chaleur épouvantable, et le sol exhale des émanations empoisonnées ; nous trouvons dans nos tentes d'énormes *centi-pedi* dont le venin est mortel. A la nuit, il tombe des ondées très fortes qui transforment le camp en un lac de boue. Le 17 mars, la pluie qui tombe le matin nous empêche de nous mettre en marche de bonne heure. Des informations erronées sont ensuite cause que nous partons à 1 heure seulement. Si nous avions levé le camp au matin, nous pouvions atteindre Konzi le soir.

C'est important à noter pour ceux qui se trouveront dans le même cas, afin d'échapper à la nécessité de camper sans eau dans la forêt, ce que nous dûmes faire.

La chaleur est atroce au départ. La route se déroule au pied d'une montagne ; elle est entrecoupée de vallées d'érosion.

La montagne s'infléchit considérablement au S.-S.-O. et nous la franchissons pour entrer ensuite sous bois, direction Ouest.

A 4 heures, nous traversons le lit desséché d'un cours d'eau large de 12 mètres environ, dont le passage doit être très difficile en temps de pluie : les berges en sont abruptes et boisées.

La nuit nous surprend dans la forêt : nous établissons le camp.

CAMP.

Heureusement nous découvrons un peu d'eau dans le creux d'un baobab ; mais les hommes n'en ont point.

Un de nos ânes, atteint d'abcès, est resté en arrière et ne

rejoint le camp que plusieurs heures après nous. On craint de le perdre bientôt; naturellement il ne porte plus rien.

Pendant la nuit, pluie torrentielle.

18 mars. Grande humidité. Départ pénible au jour. La forêt est assez claire, la futaie très bonne.

A 8 heures et demie, nous arrivons en vue de Konzi, où nous campons et où nous aurions pu arriver hier soir, si nous avions été bien informés. KONZI.

L'eau y est assez bonne.

Le miel est abondant. Nous en achetons 7 à 8 livres pour 1 chouka.

Beaucoup d'hyènes aux environs. Pendant la nuit, un porteur endormi dans le camp a été enlevé par une hyène à qui on a donné la chasse; on désespère de sauver l'homme.

Konzi est peu peuplé. La race d'homme qui l'habite diffère beaucoup de celles que nous avons vues jusqu'ici.

Le peu de vivres dans cet endroit rend le chef plus coulant sur le hongo, qui est prestement débattu et arrêté le soir même au chiffre de 49 dotis d'étoffes diverses, kaniki, shirting, méricani et swahia; cette dernière est une étoffe à bandes de couleurs et fond gros bleu dont on fait ordinairement des turbans.

19 mars. Départ vers 6 heures et quart. Direction O.-S.-O. Entré sous bois, puis, vers 8 heures, arrivé à la limite des cultures. Les tembés apparaissent bientôt en grand nombre.

C'est le district de Khonko et non Khoko comme on l'a orthographié jusqu'à présent. KHONKO.

Nous traversons ce village, et nous établissons notre camp à l'extrémité Ouest.

Nous avons ainsi traversé près de deux milles de pays habité; c'est le plus grand et le plus populeux district que nous ayons vu. Les cultures y sont très étendues et les troupeaux nombreux.

L'eau de Khonko est bonne, mais boueuse.

Vivres beaucoup plus abondants qu'à Mdabourou, la station suivante. Les voyageurs feront bien de s'approvisionner à Khonko de tout ce dont ils auront besoin dans le Mgonda-Mkali, où l'on marche parfois pendant quatre jours et plus, dit-on, sans rencontrer de villages.

Aperçu du prix des vivres à Khonko :

1	cuisse de bœuf (petite)	1	chouka.
1	poule et un petit panier de farine de moutama	1	»
68	épis de maïs	1	»
4	poules (dont 2 maigres).	1	»
2	grandes jarres de lait	1	»

La chouka en question représente 2 coudées d'étoffe blanche ordinaire (shirting).

Tous les districts de l'Ougogo sont loin de ressembler à Khonko.

On offre de nous vendre deux jeunes autruches pour 30 choukas les deux ; mais nous ne saurions qu'en faire et nous refusons.

Le chef envoie son ministre au camp pour prier le Mousoungou (homme blanc) qui a des soleils dans les yeux (mes lunettes), de lui faire tomber de la pluie. Je ne puis me débarrasser de cet homme qu'en lui promettant de faire mon possible pour obtenir qu'il pleuve ces jours-ci.

Il tombe durant les nuits une rosée si abondante que les tentes sont trempées au jour : cette rosée fait souffrir les ânes : plusieurs sont atteints de rhume.

Je conseillerais aux voyageurs de se munir de couvertures et de bonnes sangles pour leurs ânes : c'est absolument nécessaire et je regrette de n'en pas avoir pour mon âne de selle ; je suis forcé de lui faire mettre la selle pendant la nuit, car il a pris un froid : le matin, la selle est littéralement trempée par la rosée de la nuit.

Avoir également soin d'allumer de bons feux autour des ânes : cela assainit l'air, d'abord, et ensuite cela éloigne les hyènes.

On ne parvient à se mettre d'accord sur le hongo que le 21 ; il est arrêté au chiffre énorme de 91 dotis d'étoffes de belle qualité, 1 fusil à piston, 1 baril de poudre.

Le chef avait d'abord renvoyé ce hongo et il exigeait 150 dotis. Il est vrai de dire que c'est le plus important et le plus riche district que nous ayons rencontré dans l'Ougogo.

22 mars. Départ à 6 heures 10 minutes. Direction N., puis N.-O. Le district de Khonko est très étendu, car, au départ, la route se déroule pendant deux heures au milieu des cultures. Or, le camp était établi déjà à plus de deux milles de la limite S.-E. des champs de ce pays.

Les végétaux qu'on rencontre sont : le maïs, le sorgho (moutama) et le millet.

Après avoir dépassé la limite des champs cultivés, nous entrons dans un fourré où la hâche a fait de nombreuses éclaircies ; nous suivons un sentier large et commode.

Vers 9 heures, nous débouchons dans une vaste plaine : herbe assez courte, arbres clairsemés et de basse futaie ; c'est le paradis du gibier ; nous y voyons défiler de nombreux troupeaux de de zèbres et d'antilopes ; nous apercevons beaucoup de girafes, ainsi que de nombreuses traces d'éléphants. Mais le gibier est si difficile à approcher que nos efforts pour en abattre restent sans résultats.

Il se fait probablement un certain trafic d'ivoire dans la contrée, car je rencontre pour la première fois des indigènes portant aux poignets de lourds bracelets d'ivoire.

Nous mettons plus d'une heure à traverser cette plaine dans sa largeur.

Après être rentrés peu de temps sous bois, nous arrivons sur
MDABOUROU. un plateau en vue de Mdabourou. Nous descendons la colline au pied de laquelle coule la rivière Mdabourou dont le lit est à peu près à sec en ce moment, et nous établissons le camp dans la plaine.

Le chef nous fait prier d'enjoindre aux hommes de ne pas tirer de coups de fusil, parce que, dit-il, *cela éloigne la pluie.*

A l'Ouest de Mdabourou coule la rivière de ce nom, dont le lit, malgré la sécheresse de la saison, contient encore un peu d'eau. Cette rivière se jette dans la Rouaha qui serait, au dire des naturels, un des tributaires Nord du Loufidji.

Les vivres à Mdabourou ne sont pas assez abondants pour les provisions à faire en vue du Mgonda-Mkali; aussi sommes-nous forcés d'envoyer 12 hommes à Khonko pour en rapporter du maïs et du moutama. A leur retour, ils nous apprennent que l'âne malade, laissé à Khonko, est mort le jour même de notre départ.

C'est le premier qui succombe. Sa mort peut être attribuée à des abcès de mauvaise nature dont il était couvert et dont nous n'avons pu le guérir.

Les hommes de la caravane demandent un doti (8 coudées d'étoffe) d'avance, afin d'acheter ici des provisions pour la traversée du Mgonda-Mkali. On le leur accorde.

Eau de Mdabourou, fortement nitreuse, ne semble pas bonne pour les ânes. Cela provient de ce que l'eau ne se trouve en ce moment que dans des mares stagnantes dans le lit de la rivière; pour peu que le terrain soit recouvert d'une légère efflorescence nitreuse, c'est ce dernier résidu d'eau qui l'absorbera. Lorsqu'au contraire la rivière roule de fortes eaux courantes (comme ses rives l'indiquent), les principes nitreux ne doivent pas s'y faire sentir.

Le chef de Mdabourou nous envoie un mouton en présent; il est vrai qu'en échange il a reçu hier un doti d'étoffe de couleur valant deux dollars à la côte. Cependant, il traîne en longueur les débats du hongo. Aujourd'hui 24, il prétexte qu'une tribu voisine, unie aux naturels de Khonko, lui a volé 20 bœufs, et qu'il doit faire la guerre.

Tout cela est probablement faux, et n'a pour but que de nous retenir chez lui quelques jours de plus et écouler ainsi ses denrées.

Les seules denrées abondantes ici sont les poules et le moutama; encore faut-il aller chercher celui-ci à des tembés assez éloignés.

Quant au maïs, c'est à Khonko qu'il faut s'en approvisionner.

Le 25 mars, le chef de Mdabourou nous rend visite au camp. C'est un jeune homme de 25 ans environ, qui n'a pas l'air bon du tout. Il est entouré d'une jeunesse tapageuse. Ce doit être un chef dangereux. Il semble détester cordialement les Arabes, contre qui, d'ailleurs, son père a plus d'une fois combattu.

Nous mangeons aujourd'hui pour la première fois d'un zèbre que M. Roger a tué. La chair en est excellente et ressemble à du très bon bœuf.

Vers 10 heures du soir, un violent ouragan s'abat sur le camp : pluie torrentielle, éclairs, tonnerre; vent terrible qui renverse nos tentes.

Cette trombe est venue de l'Est. Elle revient vers 2 heures du matin du Nord-Ouest.

Le 26, le temps reste couvert et il pleut par intervalle. Les Arabes m'assurent que cette fois, *c'est la massika*, et que nous devons nous attendre à ces pluies jusqu'à Tabora, au moins. C'est très pénible : les effets sont trempés, et l'air est chargé d'une humidité très malsaine.

Les débats du hongo sont enfin terminés; après les demandes les plus extravagantes, le chef s'est contenté de 80 dotis d'étoffe diverses, dont plusieurs sont des étoffes de prix,

Nous partons demain, 27 mars, pour le Mgonda-Mkali.

Le temps reste entièrement à la pluie; la lune est à son plein. Je crois réellement que nous allons traverser une époque de pluie qui, si elle n'est pas la vraie massika, semble du moins devoir être assez rigoureuse.

Nous espérons traverser le Mgonda-Mkali en neuf ou dix jours, et être à Tabora vers le 7 ou le 8 avril.

En prévision de la rencontre d'une caravane, je clos ce pli à la date de ce jour, 26 mars.

Agréez, etc.

A. BURDO.

Mdabourou (extrémité Ouest de l'Ougogo), le 26 mars 1880.

Rapport sur la route suivie par notre caravane depuis Mdabourou jusque Kouihara (Tabora) du 27 mars au 7 avril 1880.

Marche et observations.

MDABOUROU

Départ le 27 mars à 6 heures et demie. Direction N. puis N.O. Ce district est extrêmement étendu : pendant plus de deux heures nous restons dans les limites des cultures. Nous marchons ensuite sous bois pendant une heure. Vers 9 heures et demie nous nous arrêtons et nous établissons notre camp en plein bois dans un endroit appelé Tonghoni, à proximité d'un peu d'eau. Tonghoni est une expression générale qui signifie : « endroit où s'élevait jadis un village aujourd'hui détruit ou

TONGHONI (CAMP).

abandonné. « Il ne reste en effet ici aucun vestige d'habitation.

Le temps est humide, le ciel couvert, la pluie tombe par intermittence.

Le sol est noirâtre et semble très fertile. Le bois est assez dense et les herbes sont très grasses.

Nous quittons le camp le 23 mars à 6 heures, nous dirigeant vers le N.-O. L'aspect du bois change sensiblement : nous rencontrons des affleurements de rochers et bientôt d'énormes blocs de granit. Nous entrons dans une région rocheuse où l'eau abonde.

Après une marche de deux heures nous rencontrons deux tembés entourés de cultures et à 10 heures nous atteignons déjà les limites de cultures de Kommounyé M'tuana ou M'tuana.

Nous avons certainement eu tort de nous arrêter hier en pleine forêt ou bout de trois heures et demie de marche. Nous aurions dû pousser au moins jusqu'aux deux tembés où nous eussions trouvé des vivres. Il eût même été préférable, après le repos pris à Mdabourou, de marcher jusqu'à M'tuana : ce n'était, en somme, que sept heures et demie de marche, tout au plus. En agissant ainsi, on économiserait un jour et un campement sous bois sans vivres pour les hommes. Je conseille donc aux voyageurs qui suivraient le même itinéraire que nous de prendre un de ces deux points comme étape et d'éviter Tonghoni.

KOMMOUNYÉ-M'TUANA (ou M'TUANA).

Le village de M'tuana diffère essentiellement des villages de l'Ougogo : ici, c'est déjà le caractère des villages wanyamouésis qui apparaît.

Les habitations sont encore des tembés, seulement au lieu d'être disséminés comme dans l'Ougogo, les tembés sont réunis et forment une véritable agglomération.

A M'tuana, le village est enclos d'un mur formé de deux palissades entre lesquelles on a coulé du sable humide qui, en se durcissant, forme un crépissage très résistant; un auvent en terre et en chaume protège le mur contre la pluie. Des meurtrières ont été réservées pour la défense du village, sur les poteaux les plus élévés sont placés des crânes d'ennemis et de bêtes fauves : ces tristes trophées redisent aux nouvelles générations les exploits des guerriers et des chasseurs de la tribu.

L'emplacement ordinaire des camps est au S.-O. du village : l'endroit est bon et à proximité de l'eau. Nous commettons l'erreur de camper en amont du village, à une distance trop considérable de l'eau et de l'endroit où l'on peut se procurer des vivres.

Nous apprenons qu'un courrier venant de la côte et dévalisé dans le Mgonda-Mkali s'est réfugié ici il y a quelques jours. C'est le courrier de M. Greffulhe (1) qui est parti de Zanzibar en janvier dernier.

29 mars. Nous quittons M'tuana à six heures. Direction O.-N.-O. Je recommande aux caravanes de se fournir amplement de vivres à M'tuana, car à l'étape suivante, commence la série des tirikésas dans le désert et la forêt aride. On trouve d'ailleurs à M'tuana beaucoup de maïs, des poules (deux pour une chouka) et même des patates douces, les premières que nous mangeons. C'est une nourriture précieuse pour le voyageur.

Ici, comme dans l'Ougogo, si l'on veut faire des galettes avec la farine de maïs (ce qui est très bon, nutritif et très sain) on doit faire moudre le grain au préalable, car les indigènes n'offrent jamais de la farine de maïs en vente. C'est un long et pénible travail que l'on confie aux femmes des villages moyennant une faible rétribution.

En quittant M'tuana la route se déroule à travers un bois peu épais de basse futaie sans fourrés, interrompu par d'immenses plaines où la chaleur est suffocante. C'est l'image de l'aridité et de la désolation. Le gibier lui-même fuit ces régions désertes et l'on ne voit que rarement des traces de passage de quelqu'animal fourvoyé. La route présente le même aspect pendant

(1) Correspondant à Zanzibar de l'Association internationale africaine.

toute la traversée du Mgonda-Mkali, et c'est d'une monotomie désespérante.

Le sol, bien cultivé, serait d'un excellent rendement, mais les déprédations des Rougas-Rougas qui infestent ces parages, ont découragé les Wanyamouésis qui avaient tenté de s'établir en cet endroit et de défricher le sol.

Nous n'atteignons M'toni, le lieu désigné pour camper, qu'au coucher du soleil.

J'engage vivement les futurs voyageurs à partager en deux l'étape de M'tuana à M'toni, en campant à Mualeni. Ce point est un excellent lieu de campement : situé à quatre heures et demie de marche de M'tuana, on y trouve suffisamment d'eau. Les hommes peuvent s'y reposer et y remplir leurs gourdes avant d'affronter les fatigues d'une marche de sept heures et demie à travers le pays sans eau qui s'étend entre Mualeni et M'toni. M'TONI.

En wanyamouési, M'toni signifie : endroit où l'on trouve de l'eau. (*M'to* veut dire rivière, et la particule *ni* signifie dedans ou à proximité). Il n'y a nul vestige d'habitations ni de cultures aux alentours de M'toni. L'eau y est abondante et très saine : c'est une eau courante qui fuit entre les hautes herbes du Nord au Sud.

30 mars. Départ à 6 heures. Direction de la marche N.-N.-O. Au départ, la route se déroule au milieu d'une forêt d'un caractère identique à celle traversée le jour précédent. Fort peu de gibier : partout la solitude et la désolation. Cà et là, des affleurements de roches schisteuses. Le sol est cependant généralement fertile et répondrait merveilleusement aux efforts du cultivateur.

Nous sortons du bois à 10 heures. A l'endroit où nous débouchons s'élevait jadis un village prospère aujourd'hui détruit et que les habitants (wanyamouésis) ont abandonné par suite des guerres et des déprédations des Rougas-Rougas. Des carrés de cultures plantés de moutama attestent encore les efforts qui ont été tentés pour défricher le sol.

L'eau n'y est guère bonne, on la trouve au fond d'anciens trous, creusés par les naturels qui ont habité le village.

Nous faisons halte à ce « Tonghoni » jusque deux heures, et nous y laissons la caravane arabe de Sewa, qui porte les ravitaillements de M. Cambier et qui nous accompagnait depuis Mpwapwa.

En quittant le lieu de halte, nous traversons d'abord de vastes plaines, transformées par les dernières pluies en marécages où l'on a de l'eau jusqu'au genou. A 4 heures, nous rentrons sous bois.

En cet endroit, nous rencontrons les traces du passage de la caravane du capitaine Popelin, le sentier dans la forêt ayant été élargi à coups de hache pour le passage des éléphants.

La première partie de ce trajet sous bois est assez accidentée : les eaux ont pris le sentier comme déversoir, ce qui fait qu'en maints endroits, on doit traverser de véritables torrents.

Depuis le passage des éléphants, les taillis se sont rejoints de nouveau, mais partout cependant subsistent les traces de la hache qui a élargi le passage. Pas de trace de gibier : la plus grande solitude règne dans cette immense forêt.

La nuit nous surprend sous bois, vers 6 heures. Nous trouvons heureusement un peu d'eau dans une mare et nous établissons notre camp en pleine forêt.

31 mars. Départ à six heures. Direction N.-O., après Bimbéchanda, direction N.-N.-O.

Cette étape a été la plus pénible de nos tirikésas. Commencée à 6 heures du matin, elle ne s'est terminée qu'à six heures et demie du soir, après une marche continue sans boire ni manger.

Nous quittons bientôt la forêt et nous débouchons dans une immense plaine semée de bouquets peu touffus où nous continuons à voir les traces du passage des éléphants qui accompagnaient l'expédition de M. Popelin.

A onze heures nous arrivons en vue de plusieurs anciens camps : c'est Bimbéchanda. Si nous avions campé à Mualeni nous eussions établi notre camp à Bimbéchanda, où l'on trouve de bonne eau et où s'élevait jadis un village aujourd'hui abandonné et détruit.

Nous rentrons sous bois vers une heure : la nature se présente sous un aspect de plus en plus sauvage. Cet endroit est un véritable lieu d'embuscade et c'est ici en effet que les Rougas-Rougas attaquent en général les caravanes.

Nous trouvons au milieu du sentier des débris qui attestent une lutte récente; des bâtons de porteurs, des gourdes indigènes brisées, un *lindo* wanyamouési (sorte de boîte en bois qui sert aux indigènes en voyage), des cordes fort bonnes encore, jonchent la route. C'est évidemment ici que le courrier de M. Greffulhe dont j'ai parlé plus haut, a été attaqué et dévalisé. Ce courrier portait à Karéma la correspondance destinée à MM. Cambier, Popelin et Carter.

C'est cette route, fort mal famée et pour cause, que M. Wautier a voulu éviter lorsqu'il a pris une route plus au Nord, passant par Hekoungou et rejoignant la route ordinaire à Hittoura ou Toura. M. Wautier était donc bien renseigné sur les déprédations qui de tout temps ont désolé cet endroit.

Je doute cependant qu'en prenant plus au Nord on soit à l'abri des Rougas-Rougas dont les repaires se trouvent aussi bien au Nord qu'au Sud du Mgonda-Mkali. En ce qui nous concerne, nous avons heureusement traversé ces parages sans avoir eu à supporter aucune attaque de la part de ces bandits.

Pendant toute cette étape, la marche est fort pénible; un soleil ardent, une chaleur atroce, pas une goutte d'eau et aucune nourriture pendant les douze heures que dure l'étape.

La direction de la route est sensiblement le N.-N.-O.

A six heures et demie, nous débouchons enfin en plaine. Le lac Tchaïa s'étend devant nous, mais nos hommes sont exténués;

nous sommes également rendus. Nous nous arrêtons sur place sans même avoir le courage de faire un dernier effort pour atteindre l'endroit où d'anciens camps sont établis à proximité du lac.

Il n'y eut aucun camp établi cette nuit là. Les tentes ne furent même pas dressées; aucune palissade ne fut construite pour protéger les hommes et les ânes contre les attaques des bêtes fauves. Porteurs et domestiques étaient tellement épuisés que tous se couchèrent en sortant de la forêt. Nous dormîmes quelques heures sur des ballots, enveloppés dans nos imperméables.

Je conseille beaucoup aux voyageurs de ne pas négliger de se munir d'un burnous, car l'humidité et le froid des nuits en plein air sont réellement à redouter ici.

1er avril. Départ à six heures. Direction N.-N.-O.

Au départ nous apercevons le lac Tchaïa, vaste réservoir d'eau marécageuse que recouvre en ce moment une jungle épaisse où l'on disparaîtrait si l'on avait l'imprudence de s'y engager.

Nous traversons le lac à son extrémité Sud où nous nous embourbons dans des marécages jusqu'à hauteur du genou. Nous rencontrons au delà quelques vestiges d'anciens camps. Beaucoup de traces d'hippopotames et un grand nombre d'oiseaux aquatiques. Région malsaine, d'ailleurs, et infestée de moustiques.

Nous y faisons néanmoins halte de 8 à 11 1/2 heures.

Nous entrons ensuite dans une forêt qui borne le lac Tchaïa au N.-N.-O.

A une demi-lieue dans la profondeur du bois, nous traversons le lieu où M. Penrose, ingénieur anglais au service de la « London missionary society » a été assassiné par les Rougas-Rougas.

Les vestiges du pillage et du massacre sont encore là, en travers du sentier : des ossements, des caisses éventrées, un filtre anglais brisé, beaucoup de journaux et de papiers déchiquetés, des boîtes de toutes sortes défoncées. Notre guide nous montre l'arbre derrière lequel M. Penrose a soutenu l'attaque et a essayé de se défendre, tandis que ses porteurs, abandonnant leurs charges, fuyaient dans l'épaisseur du bois. L'endroit est merveilleusement choisi pour un guet-à-pens.

A une heure, nous sortons du bois et nous débouchons dans la plaine, en vue d'un étang que nous dépassons pour rentrer dans un bois de basse futaie. Nous espérions atteindre Hittoura ce jour là, mais la nuit nous surprit en pleine forêt, et nous fûmes obligés de camper, dans un endroit sauvage où nous n'avons rencontré aucun être humain ni aucun vestige de cultures ou d'habitations. CAMP

2 avril. Départ à 6 heures. Direction N.-O.

Vers 8 heures, nous arrivons dans une vallée où nous trouvons des vestiges de culture. C'est l'emplacement d'un ancien village aujourd'hui abandonné et détruit.

Nous gravissons la côte N.-O. de la vallée et nous entrons ensuite dans un bois de basse futaie. Le terrain devient très accidenté, et présente de nombreux affleurements de granit, on doit pouvoir trouver de l'eau à peu de profondeur du sol.

Il est près de onze heures quand nous arrivons en vue d'un tembé qui fait partie du village de Hittoura, dont l'agglomération principale se trouve à une lieue plus loin.

Nous établissons notre camp à l'entrée du village.

3 avril. Nous avions formé le projet, M. Roger et moi, de nous rendre à Hékoungou, afin d'y visiter la tombe de M. Wautier. Renseignements pris, nous apprîmes que Hékoungou était situé à six heures de marche N.-N.-E. de Hittoura. Si nous nous y étions rendus, la caravane eût dû s'arrêter pendant toute une journée à Hittoura. Nos instructions nous prescrivant de

faire tout ce qui était en notre pouvoir pour atteindre rapidement Karéma, nous dûmes renoncer à notre projet.

Nous remîmes, à des Arabes descendant vers la côte notre courrier d'Europe. Ils nous donnèrent des nouvelles de Tabora et de Karéma ; la santé de tout les Européens était parfaite ; une maison en pierres s'élevait à Karéma.

Il est urgent de se ravitailler amplement à Hittoura, les marches suivantes se faisant de nouveau à travers un pays désert.

On peut se procurer à Hittoura beaucoup de maïs (une centaine d'épis pour une choukka), des patates douces, et même des bœufs dont le prix varie de six à huit dotis (le doti vaut une choukka, une choukka deux coudées).

L'eau y est assez bonne.

Le 3 avril, le départ eut lieu vers 7 heures, vers le O.-N.-O. Pendant plus d'une heure, nous restons dans les limites d'anciennes cultures, aujourd'hui abandonnées. Ensuite, la route se déroule de nouveau sous bois.

Vers 9 heures, nous débouchons dans une grande plaine marécageuse où nous avons de l'eau jusqu'au genou. Nous y voyons des variétés d'oiseaux aquatiques de l'espèce des Flamands.

Nous rentrons ensuite sous bois. En ce moment nous apprenons qu'un porteur vient de s'enfuir après avoir jeté sa charge. On retrouve celle-ci, mais le déserteur reste hors d'atteinte. Le sol est ferrugineux, extrêmement riche, mais on n'aperçoit pas la moindre apparence de culture.

Vers 2 heures, une forte descente nous mène à une rivière assez large que nous passons à gué ayant de l'eau jusqu'à la poitrine.

CAMP. Nous établissons le camp dans un endroit découvert, mais que les hautes berbes environnantes rendent fort insalubres.

Il y a dans les environs de petites zihouas (étangs) où, par paresse, les hommes vont chercher de l'eau au lieu d'aller en puiser à la rivière; or, l'eau de ces zihouas est infectée de matières végétales en suspens qui produisént une dyssenterie immédiate. Le voyageur fera sagement de veiller à ce que l'eau qu'il boit soit puisée à la rivière. Il n'y a aux alentours aucun vestige d'habitation ou de cultures. C'est un *mtoni* (endroit où l'on trouve de l'eau). L'eau de la rivière est blanchâtre : le terrain qu'elle arrose est extrêmement riche en calcaire.

4 avril. Départ à 6 heures un quart. Direction O.-N.-O.

Le pays présente toujours le même aspect; des bois sans fourrés et des plaines torrides. Le gros gibier est rare; on ne rencontre que des pintades et une sorte de pélican de grande taille.

A 8 heures trois quarts nous atteignons un Tonghoni (village abandonné) qui devait être jadis très riche en cultures. Aujourd'hui il n'y a plus de trace de vie aux alentours.

A 9 heures et demie, nous traversons une région marécageuse où l'eau est pourtant très bonne et très pure. Nous rencontrons une caravane de Wanyamouésis se rendant dans l'Unyanyembé avec des ânes et des bœufs. Nos porteurs sont si fatigués de ces tirikésas successives que nous sommes obligés de louer quelques uns de ces ânes pour porter des ballots jusque Tabora.

La route se continue sous bois; nous traversons ensuite une région rocheuse où d'énormes blocs de granit s'élèvent à des hauteurs considérables au milieu de la forêt. Nous arrivons à 4 heures dans les limites des cultures de Roubougwa. Ce village est entouré de marécages, au Nord et au Sud. A l'Ouest s'élève une petite colline sur laquelle nous établissons le camp.

Roubougwa est un village de Wanyamouésis qui semble assez ROUBOUGWA.
peuplé et dont les cultures sont étendues. C'est le premier endroit habité que l'on trouve depuis Hittoura. On peut s'y

approvisionner de tout : poules, maïs, patates douces. On y trouve même des fruits, dont nous sommes privés depuis Zanzibar : des bananes, des citrons, des goyaves et des grenades. Malheureusement les habitants de ce beau village sont voleurs et pillards. Ils ont essayé d'enlever à un de nos porteurs l'étoffe qu'il avait avec lui, mais notre homme loin de se laisser dévaliser fit feu sur les voleurs qui prirent la fuite.

5 avril. Nous eûmes assez de peine, le lendemain, à mettre la caravane en marche. Les hommes étaient visiblement fatigués. Direction O.-N.-O.

Nous traversons les marécages qui entourent le village puis nous continuons notre marche à travers de hautes herbes et des bois sans fourrés. Nous croisons en chemin une immense caravane conduite par des Arabes, et portant de l'ivoire à la côte. Elle est forte d'au moins trois mille âmes, porteurs, femmes et enfants.

Halte sous bois à dix heures un quart. Temps beau. Forte brise S.-E. Reprise de la marche à midi un quart.

A 2 heures, nous arrivons en vue des cultures du village de
KOUÉRÉ. Kouéré où nous campons à l'extrémité Ouest.

Les indigènes apportent au camp des vivres et des fruits. L'eau est bonne, les vivres abondants.

Vers le soir, des femmes ayant dans leur chevelure une houppe de crin comme celle d'un flamand, viennent danser pendant deux heures autour du camp.

6 avril. Départ à 6 heures. Direction O.-N.-O.

La mise en marche de la caravane est de nouveau assez difficile. La route se déroule d'abord au milieu des cultures ; puis de hautes herbes alternent avec des bois de basse futaie. Trois heures de marche nous conduisent à une région montagneuse, dont les hauteurs courent au Nord vers le pays de Mirambo.

A dix heures et demie, nous descendons une colline sur le

versant de laquelle nous trouvons de nombreuses traces d'anciens camps. C'est un m'toni (lieu où l'on trouve de l'eau). Nous y faisons une halte que nous prolongeons jusque une heure et demie.

Nous marchons ensuite sur le plateau pendant deux heures, puis le pays redevient montagneux.

Aux alentours de la route nous remarquons de nombreux camps incendiés, dit-on, par les hommes de Mirambo, qui rôdent dans les environs. De la hauteur, l'aspect du pays est celui d'un immense entonnoir circonscrit par un régime de montagnes qui s'infléchissent un peu au S.-E. Au Nord, dans la plaine, s'étend Tabora, qu'on ne voit pas encore, mais devant nous se trouvent les villages feudataires et la résidence du Gouverneur. Ce panorama s'étend fort loin, chaque village semble un bouquet de verdure, entouré d'une palissade d'euphorbes.

Au pied de la colline après avoir traversé quelques centaines de mètres de marécages, nous arrivons devant Kwakwasoé dont le chef nous invite à camper dans le village. KWAKWASOÉ.

Ce village est fortifié ; outre sa ceinture d'euphorbes, il est entouré d'un mur en crépissage avec bastions. Ces fortifications ont été élevées pour permettre aux habitants du village de résister aux attaques de Mirambo, la terreur du pays.

Nous campons sur la place au milieu des huttes et des tembés.

Lorsqu'on arrive à Kwakwasoé, il est bon d'envoyer une estafette en avant à Kouikourou, où demeure le Gouverneur arabe de l'Unyanyembé, afin de l'avertir de l'arrivée d'une caravane européenne.

7 avril. Départ à 8 heures et demie. Direction Ouest. A peu de distance des villages nous rencontrons de nombreux camps déserts incendiés par les partisans de Mirambo qui font parfois des descentes aux alentours. Nous contournons ensuite le voyage de Samoyide où le Gouverneur met ses enfants en pension et en apprentissage. La route serpente en plaine. Il fait une chaleur suffocante.

Il est onze heures quand nous arrivons en vue de Kouikourou ; on nomme ainsi dans toute cette région, la résidence du chef ou Gouverneur.

Kouikourou se trouve à une demi-lieue au S.-E. de Kouihara, qui est plus sain.

Il est d'usage, à l'approche d'un centre important de distribuer aux askaris (soldats de la caravane) un peu de poudre, afin de tirer les salves d'honneur, auxquelles les habitants du village répondent par des coups de feu et des cris de bien venue.

Sans nous arrêter à Kouikourou nous allons directement à Kouihara où nous trouvons le docteur Vanden Heuvel à qui nous serrons la main avec un bien vif plaisir.

Le Gouverneur fait mettre à notre disposition le tembé où ont habité les précédents voyageurs européens, Livingstone, Stanley, Cameron et, récemment, feu l'abbé Debaize.

J'y occupe la chambre que Cameron a indiquée comme sienne sur le plan qu'il a tracé de ce tembé.

Malheureusement les pluies diluviennes des jours suivants ont mis la toiture de cette chambre dans un tel état, que la seconde nuit, j'ai été obligé de dormir avec mes bottes et mon imperméable, et j'ai vu ma chambre se transformer en un lac au milieu duquel nageait mes effets. J'ai donc été forcé, le troisième jour, de me réfugier dans le tembé de M. le docteur Vanden Heuvel, qui se trouve à cinquante mètres du nôtre.

Tabora, qui est à une distance d'une lieue de Kouihara, semble être très insalubre pour l'Européen. Nos douze ânes se trouvent réduits à sept ; un est mort dans l'Ougogo, un a été volé et trois sont morts ces jours-ci. Ceux qui restent ne sont pas en bonne santé.

Le présent rapport se termine à notre arrivée à Kouihara, où nous comptons séjourner pendant quelques jours avant de reprendre notre marche vers Karéma.

A. BURDO.

Kouihara, 25 avril 1880.

ANNEXE A.

Quelques observations rapides sur l'Ougogo, ses routes, et les tributs qu'on y exige des voyageurs.

Trois routes s'offrent au voyageur pour se rendre de Mpwapwa au Mgonda-Mkali.

A. Une route en droite ligne passant par Mvoumi, et habituellement suivie jusqu'à ce jour par les voyageurs et les caravanes arabes;

B. Une route au Nord, c'est celle que nous avons prise;

C. Une route au Sud passant par Kanyényé et qui rejoint la précédente à Mdabourou.

A. La première de ces routes a l'inconvénient de passer par Mvoumi, district très important où, dit-on, un très lourd tribut est exigé. Elle n'a cependant que *sept arrêts* et est incontestablement la route la plus directe.

B. La seconde, à mon avis, doit être condamnée. D'abord elle allonge la route de deux jours de marche, au moins; en second lieu, alors que la route *A* n'a que *sept arrêts* et la route *C six seulement*, la route *B* comporte *douze arrêts* où l'on paie un hongo élevé (voir le rapport ci-joint); enfin les naturels de la contrée qu'elle traverse sont pillards et querelleurs, et comme il passe peu de caravanes dans leur canton, ils rançonnent sans pitié les voyageurs qui s'y fourvoient.

C. La troisième route, celle du Sud, est selon moi la plus avantageuse. Avant de la recommander, je me suis enquis auprès de plusieurs de nos porteurs, entr'autres auprès de notre interprète français qui l'a suivie avec les Pères algériens, et j'ai bien lieu de croire que leurs renseignements peuvent être pris en considération. Cette route ne comporte que *six arrêts*, à savoir :

Mdébwé;
Mowala;
Kommienza (qui jadis était dédoublé, mais qui est seul aujourd'hui);
Kanyényé;
Séké;
Mdabourou.

Nous avons choisi cette route, parce qu'il y avait famine à Kanyényé. Nous avons eu tort de craindre la pénurie des vivres dans l'Ougogo, car, là où règne la famine, les chefs ne retiennent pas les caravanes, au contraire; et en supposant que la famine régnât dans tout l'Ougogo, on pourrait, n'étant retenu nulle part, le traverser en 7 *jours;* or, il serait parfaitement possible, en ce cas, de ne s'approvisionner qu'au départ et à l'arrivée, c'est-à-dire à Mpwapwa et à Mdabourou et franchir sans arrêt les autres districts, dont les chefs ne retiennent les caravanes chez eux que dans le but d'écouler leurs produits.

Les renseignements que les indigènes de Mpwapwa fournissent doivent, d'ailleurs, faire l'objet d'un examen et d'un contrôle sérieux, ils nous avaient prédit la famine dans l'Ougogo et nous y avons trouvé un pays où coulent des flots de lait et de miel, où, pour moins d'un franc d'étoffe on a 4 poules, et pour le même prix 6 à 7 douzaines d'épis de maïs. D'ailleurs, plût au Ciel que la famine eût régné dans quelques districts ! Les chefs ne nous y auraient pas détenus durant de longs jours pour nous vendre leurs denrées.

ANNEXE B.

Relative aux approvisionnements en marche.

Les réflexions suivantes trouveraient mieux leur place dans le travail que je compte envoyer de Karéma et qui traitera des approvisionnements, bagages, colis, effets d'habillement, etc.... Toutefois, je crois utile d'en toucher un mot en ce moment attendu que Khonko et Mdabourou peuvent être considérés comme les points de ravitaillement des caravanes en marche pour le Tanganika.

Le voyageur partant de Zanzibar emporte généralement trop peu de riz : c'est un tort; il croit en trouver sur sa route : c'est une erreur. Nous avons eu ce tort et commis cette erreur.

Parfois aussi il lui semble que le monceau de biscuit qu'il prend avec lui est immense, qu'il durera toujours ; souvent il le restreint ; nouveau tort, illusion, car le biscuit lui manquera bientôt, et cependant c'est un fond de nourriture excellente dans ces voyages. Nous avons déjà dû réduire avant Mpwapwa nos rations de biscuits ; il n'y en avait pas à trouver, et à partir de là nous n'en avons plus mangé, réservant le peu qui nous restait pour des temps plus durs. Si nous en avions emporté davantage, beaucoup de privations eussent été épargnées.

Comment remédier au manque de biscuits et de riz?

1° Le maïs bouilli dans l'eau avec du sel est agréable à manger en guise de pain ; seulement la pellicule du grain ne se digère pas. C'est cependant à cette préparation que l'on doit recourir, ou bien au maïs cuit sous la cendre ;

2° Si l'on a eu l'heureuse idée d'emporter un peu de farine de blé, on la peut mélanger avec de la farine de moutama (sorgho) dans la proportion de 1/3 de farine de blé et 2/3 de farine de moutama. On fabrique ainsi de petites galettes qui remplacent fort bien le pain.

Faites de moutama pur, elles ne sont guère mangeables pour un Européen, à moins qu'il ne meure de faim ;

3° On peut aussi, comme nous l'avons fait, égrener le maïs et le donner à moudre dans un village. On obtient une farine qui remplace fort bien celle du blé et qui, préparée avec du lait, forme une sorte de bouillie fortifiante et d'un goût très agréable ;

4° Si l'on ne peut faire moudre du maïs (ce qui exige un temps très-long et un arrêt dans un village), on peut faire concasser le grain, de façon à le séparer de sa pellicule imperméable et indigeste. Cette sorte de farine grainetée remplace très bien le riz ; mise dans une soupe de poule ou mélangée avec du lait, elle forme une nourriture très-saine.

Nota. Le voyageur fera sagement de se pourvoir de maïs (et largement même) dans les endroits où il en pourra trouver ; car il se tromperait étrangement en croyant qu'il en rencontrera partout sur sa route. La plupart des champs sont plantés de sorgho et de millet dont le feuillage, qui ressemble à celui du maïs, pourrait l'entretenir dans son erreur primitive.

Quant au riz, on n'en rencontre *nulle part* ; à *Tabora, où il y* a beaucoup d'Arabes, on nous dit que nous trouverons à en acheter ; le riz forme la nourriture presque exclusive de l'Arabe en caravane. Lorsque nous le rencontrerons à l'état de culture, je me hâterai d'en prendre note.

Khonko (dans l'Ougogo) est le district où l'on trouve le maïs en plus grande abondance et au meilleur compte. On fera bien de s'en approvisionner largement en cet endroit. Ce sera d'autaut plus aisé qu'à ce moment-là l'Ougogo étant franchi et la caravane débarrassée, hélas! de toutes les étoffes qui ont servi à acquitter le hongo, il s'ensuit que les charges de maints porteurs se *sont sensiblement allégées*; *on les équilibrera* par d'utiles provisions qui serviront à la traversée du Mgonda-Mkali.

A. BURDO.

Mdabourou, le 26 mars 1880.

OBSERVATIONS MÉTÉOROLOGIQUES

faites par **M. POPELIN.**

LIEU D'OBSERVATION : KARÉMA (VILLAGE).

DATE	HEURE	BAROMÈTRE	Thermomètre du baromètre	Thermomètre à l'air libre à l'ombre	HYGROMÈTRE	Direction du vent	Force du vent estimée (1)	Quantité de nuages (2)	PLUIE recueillie	ÉVAPORATION	REMARQUES
10 janvier 1880	8 h. M.	693	24°	23°6	94	E.	2	4	$7^{mm}8$	»	
11 »	11 h. M.	694	26°	25°6	95	E.	2	4	3^{mm}	»	
12 »	10h.18'M.	696	26°	27°	96	E.	3	»	37^{mm}	»	T. max. 32°, T. min. 19°.
13 »	8 h. M.	694	23°	23°	97	O.	2	8	»		
	11 h. M.	693	23°	23°	97	O.	I	2	»		
14 »	10 h. M.	694	23°5	22°	97	S.-O.	2	6	»	»	T. max. 32°, min. 19° 1/2.
15 »	4 h. 45' S.	692,5	24°5	24°	94	S.-O.	1/2	6	$22^{mm}6$	»	T. max. 28°, min. 24°.
16 »	11 h. M.	695	27°	28°	94	S.	1	3	»	»	T. max. 27°, min. 18° 1/2.
	11 h. S.	»	»	»	»	»	»	3	»	»	
17 »	7 h. M.	694	24°	24°	96	E.	1	»	»	»	T. max. 32°, min. 18°5.
	12 h. S.	694	28°	29°	89	S.	2	1/2	»	»	
	4 h. S.	692	31°	28°	85	N.-N.-O.	4 1/2	1	»	»	T. au soleil 55°5. Ciel sans nuages jusque 2 heures du matin.
18 »	11 h. M.	696	24°	23°4	94	S.-O.	1/2	2	2^{mm}	»	T. max. 32°, min. 19°5, au soleil 65°. Le 9, à minuit, ciel sans nuages.
19 »	9 h. S.	696	23°5	23°	96	S.-O.	1/2	7	»	»	Ciel nuageux.
20 »	8 h. 30' M.	694	23°5	21°60	96	S.-O.	2	5	»	»	Ciel nuageux.
26 »	8 h. M.	697	23°5	20°4	97	»	»	9	$12^{mm}6$	»	T. max. 31°, min. 18°5.
27 »	8 h. M.	695	23°5	22°4	97	O.	1/4	5	»	»	T. max. 32°. min. 19°.
28 »	12h.30'M	694	32°	33°	71	S.-O.	4	»	»	»	Ciel sans nuages.
29 »	8 h M.	695	24°	24°	96	S.	2	»	»	»	
	1 h. S.	695	33°	34°	69	N.-E.	2	»	»	»	Ciel sans nuages.
30 »	9 h. M.	695	28°	29°4	85	O.	3	»	$16^{mm}7$	»	T. max. 36°, min. 26°.
	11 h. S.	»	»	»	»	»	»	10	»	»	
31 »	3 h. S.	694	28°5	27°	87	N.-O.	4	5	»	»	Ciel nuageux.
1er février	8 h. M.	694	25°	24°	95	S.-E.	1	»	»	»	Max. 32°, min. 20°.
2 »	11 h. S.	694	31°	30°	75	E.	5	7	»	»	
4 »	8 h. M.	696	24°	23°2	95	E.	2	1	»	»	Température max. 32°, min. 20°.
5 »	7 h. 15' M.	695	22°5	21°	94	S.-E.	1	»	»	»	Sans nuages.

27	»	8 h. M.	695	23°5	22°4	97	O.	1/4	5	»	»	T. max. 32°. min. 19°.
28	»	12 h. 30' M	694	32°	33°	71	S.-O.	4	»	»	»	Ciel sans nuages.
29	»	8 h. M. 1 h. S.	695 695	24° 33°	24° 34°	96 69	S. N.-E.	2 2	» »	» »	» »	Ciel sans nuages.
30	»	9 h. M. 11 h. S.	695 »	28° »	29°4 »	85 »	O. »	3 »	» 10	16mm7 »	» »	T. max. 36°, min. 26°.
31	»	3 h. S.	694	28°5	27°	87	N.-O.	4	5	»	»	Ciel nuageux.
1er février		8 h. M.	694	25°	24°	95	S.-E.	1	»	»	»	Max. 32°, min. 20°.
2	»	11 h. S.	694	31°	30°	75	E.	5	7	»	»	
4	»	8 h. M.	696	24°	23°2	95	E.	2	1	»	»	Température max. 32°, min. 20°.
5	»	7 h. 15' M.	695	22°5	21°	94	S.-E.	1	»	»	»	Sans nuages.
6	»	8 h. S. 12 h. M. 12 h. S.	691 690 »	25° 34° »	23° 35° »	95 68 »	N.-N.-E. N.-E. »	1/2 3 »	4 5 10	» » »	» » »	Température max. 33°. min. 20°5.
7	»	9 h. 30' M.	695	24°	22°	94	O.-S.-O.	1	10	7mm	»	» max. 35°, min. 21°.
8	»	9 h. M.	695	24°	23°	96	»	»	9	»	»	» max. 26°, min. 20°5.
9	»	2 h. S.	692	32°	33°6	71	E.	2	3	»	»	» max 32°, min. 20°.
10	»	3 h. 45' S.	692	29°	27°	88	O.	4	10	»	»	
11	»	9 h. S.	698	24°	22°	98	O.	1	10	16mm	»	» max. 30°, min. 22°.
12	»	10 h. S.	698	23°	21°	97	»	»	10	41mm5	»	
13	»	8 h. S.	696	23°	21°	97	S.-E.	1	10	»	»	» max. 25°, min. 20°5.
14	»	2 h. S.	694	27°	26°6	88	O.	4	5	»	»	
15	»	9 h. S.	695	23°	21°4	96.5	S.-E.	4	8	»	»	» max. 28°, min. 20°.
16	»	9 h. M.	694	25°	»	97	S.-E.	1	8	»	»	
17	»	9 h. M.	694	26°	25°	94	E.	3	8	»	»	
18	»	9 h. M.	695	26°	24°4	94	E.	3	4	0mm5	»	
19	»	11 h. 30' M	694	25°	25°	94	S.-O.	2	7	16mm	»	
20	»	1 h. S.	696	29°	27°	85	O.	4	7	»	»	
21	»	8 h. S.	694	24°	23°	96	S.-E.	2	3	»	»	
22	»	11 h. S. 5 h. S.	698 »	26° »	27° »	91 »	» »	» »	4 »	0m5m 4mm	» »	
23	»	8 h. 30' M.	699	24°	22°	96	»	»	7	24mm	»	
24	»	8 h. S.	698	22°	21°	98	E.	1	1	»	»	Température max. 29°, min. 18°5.
26	»	9 h. 15' S.	695	24°	23°2	96	S.-E.	2	8	5mm2	»	
27	»	11 h. S.	695	26°	27°	94	N.-O.	1	3	»	»	» max. 29°, min. 20°.
28	»	11 h. S.	695	29°	30°	85	N.-E.	1	3	»	»	
29	»	9 h. S.	696	28°	27°	90	S.-S.-O.	4	1/2	»	»	

(1) FORCE DU VENT ESTIMÉE DE 0 A 10 (0=CALME; 10=OURAGAN).

(2) QUANTITÉ DE NUAGES ESTIMÉE DE 0 A 10 (0=CIEL ENTIÈREMENT COUVERT).

www.ingramcontent.com/pod-product-compliance
Ingram Content Group UK Ltd.
Pitfield, Milton Keynes, MK11 3LW, UK
UKHW021122230726
13926UKWH00002B/609

9 782013 623490